★ 浙江省社科联社科普及课题成果（编号：24KPD18YB）

★ 浙江音乐学院出版资助成果（编号：2022KC004）

★ 2020 年度浙江省省级线下一流课程《大学体育—武术（空手道）选项课》

　建设阶段性成果（编号：867）

空手道搏击健身操

马俊成　著

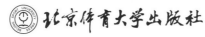

北京体育大学出版社

策划编辑：李志诚　仝杨杨
责任编辑：仝杨杨
责任校对：曹晓燕
版式设计：禾风雅艺

图书在版编目（ＣＩＰ）数据

空手道搏击健身操 / 马俊成著 . -- 北京：北京体
育大学出版社 , 2024.3
　　ISBN 978-7-5644-3752-7

　　Ⅰ . ①空… Ⅱ . ①马… Ⅲ . ①空手道 – 基本知识
Ⅳ . ① G886.5

中国国家版本馆 CIP 数据核字 (2024) 第 064295 号

空手道搏击健身操

KONGSHOUDAO BOJI JIANSHENCAO

马俊成　著

出版发行：	北京体育大学出版社
地　　址：	北京市海淀区农大南路 1 号院 2 号楼 2 层办公 B-212
邮　　编：	100084
网　　址：	http://cbs.bsu.edu.cn
发 行 部：	010-62989320
邮 购 部：	北京体育大学出版社读者服务部 010-62989432
印　　刷：	三河市龙大印装有限公司
开　　本：	710mm×1000mm　1/16
成品尺寸：	170mm×240mm
印　　张：	6.75
字　　数：	110 千字
版　　次：	2024 年 3 月第 1 版
印　　次：	2024 年 3 月第 1 次印刷
定　　价：	42.00 元

前言

　　健身是当代社会的潮流和时尚。随着物质生产技术的提高，人民的物质生活水平得到极大提高，越来越多的人开始追求精神富裕和身体健康。生活品质的提高源于身心的和谐统一。对于人们来说，只有拥有健康的身体和健康的心理，才能够真正地享受丰富的物质生活和精神生活，才能够拥有真正的快乐。健身由于能够塑造人们健康的体魄和健康的心理，因此成为人们日常生活的重要部分，是精神富裕的重要内容。

　　空手道是世界体育文化之瑰宝。很多人认为空手道是日本体育文化国粹，殊不知空手道实则起源于中国武术，是中国武术的旁支别系。根据世界空手道联合会官网显示，在世界空手道联合会成立50周年（2020年）之际，全球国家和地区成员已经达到202个，全球练习人数已经超过1亿人。早在1994年空手道就被列为亚运会比赛项目，2016年8月又被列为2020年东京奥运会比赛项目。中国也于2017年将空手道列为全运会比赛项目，2018年将其列为青运会比赛项目。之后，诸多省、区、市将空手道列入省运会、区运会、市运会比赛项目。中国空手道国家队在2020年东京奥运会空手道比赛中，获得1银1铜的优异成绩，在2022年杭州亚运会空手道比赛中又获得2金1铜的优异成绩，为空手道在中国的发展增加了浓厚的一笔。由此可见，空手道在中国的发展非常迅速。尽管空手道在中国的发展非常迅速，但很多人对空手道的历史文化知识缺乏正确的认识，对空手道产生了误解，进而对空手道的锻炼价值缺少认识。鉴于此，笔者通过不断地研究和实践，结合音乐韵律，将空手道的礼节、基本技术融汇、创编进空手道搏击健身操。

　　本空手道搏击健身操以空手道基本技术为组合元素，吸收了一些流行艺术的表现方法和手段，不仅展示了"优美韵律，身心并练"的特点，也展示了空手道的搏击价值，融攻防于健身操中。

　　本书在撰写与出版过程中，得到了浙江音乐学院和北京体育大学出版社的大力支持，浙江大学林小美教授、杭州师范大学李吉远教授、浙江音乐学院肖丽琴教授对本书的撰写给予了建设性指导，杭州养正学校杨子铭同学、杭州市钱塘区学正中学陈君怡同学、杭州市文海实验学校马兮子涵同学、西子堂武道馆的韩雯教练为本书提供了动作示范，湖南师范大学体育学院蒙冰倩同学对本书的文字进行了校对，笔者在此一并致以深切谢意。本书是浙江省社科联社科普及课题成果（编号：24KPD18YB）、浙江音乐学院出版资助成果（编号：2022KC004），以及2020年度浙江省省级线下一流课程《大学体育—武术（空手道）选项课》（编号：867）建设阶段性成果。

　　由于笔者水平有限，书中不妥之处敬请读者指正。

目 CONTENTS
录

第一章

空手道渊源与传承

第一节　空手道渊源解析

一、空手道释义

空手道是起源于中国、萌芽于琉球、成型于日本并流行于全世界的武道项目。它包含踢、打、摔、拿、投、锁、绞等多种技法。空手道是一项集智慧、勇气和实力于一身的武道项目。它经过漫长的历史发展，已经形成各种流派和风格迥异的技术特点。它追求"一击必杀"的实战效果并树立习礼修身的精神目标，强调"君子之拳"和"心、技、体"的内外合一。

空手道以中国武术技术和文化要素为主要内容，融入了琉球"手"，因此又被称为"唐手""中国拳法"等。空手道不使用任何器械，主要以空手和赤足进行搏击格斗。练习者使用身体的任何部位，对敌人的攻防进行有效的防御和还击。

为了消除空手道来自中国的事实及受中国文化的影响，日本人参照佛教意境，取谐音而成空手道。在日文里，"空"和"唐"同音，同时"空"又是佛教里内涵丰富的一个字，因此，1936年，经船越义珍大师提议，日本正式把"唐手"更名为"空手道"。但在琉球群岛及日本一些传统武术大师的流派传承上，仍然保留着"唐手""中国拳法""少林流拳法""少林寺流拳法"等名称，以示不忘本源。

二、空手道渊源

关于空手道的起源，诸多文献资料认为空手道起源于中国，中国是空手道的发源地。明朝时中国与琉球建立藩属关系，这是空手道形成的基础；册封使团、进贡使团、琉球留学生、琉球来中国的商人及中国去琉球的商人等是武术传向琉球的主要传播者；东渡日本的艺人、僧人等为唐手内容的完善提供了丰富的元素。琉球被日本吞并后采取的"去中国化"是"唐手"更名为"空手"并最终改名为"空手道"的催化剂。尽管空手道由之前的"唐手""中国拳法""少林流拳法""少林寺流拳法"等诸多称谓改为现今的"空手道"名称，但空手道的思想基因、文化基因、技术基因来源于中国文化的事实没有改变，因此至今还有不少地区或流派仍使用旧称（图1-1）。

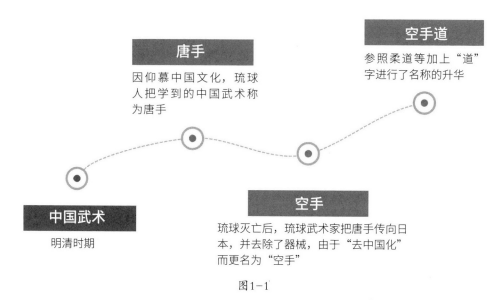

唐手
因仰慕中国文化，琉球人把学到的中国武术称为唐手

空手道
参照柔道等加上"道"字进行了名称的升华

中国武术
明清时期

空手
琉球灭亡后，琉球武术家把唐手传向日本，并去除了器械，由于"去中国化"而更名为"空手"

图1-1

三、空手道源于中国的证据

（一）琉球成为中国藩属国是武术传入琉球的先行保障

1372年，琉球中山国成为中国的藩属国。1383年，山南国、山北国相继成为中国的藩属国。1430年，三山统一为琉球国（以中山国的名义对中国称臣纳贡）。中国与琉球建立藩属关系，中国对琉球的政治、经济、文化、教育等产生了深远的影响。

（二）"闽人三十六姓"是中国武术向琉球输出的拓荒者

"闽人三十六姓"进入琉球的途径主要有中国官方派遣、民间迁徙。"闽人三十六姓"在中琉政治、经济、文化、教育、宗教、艺术等的交往中有着非常重要的地位，也在不自觉中进行了武术的传播。

（三）旅居中国的琉球人是武术传向琉球的中转者

从1372年琉球与中国建立藩属关系到1879年琉球灭亡，500余年的历程中，琉球约有20万人旅居中国。这些人员主要由朝贡使团人员、琉球留学生、专门习武的人员以及海难人员等构成（图1-2）。

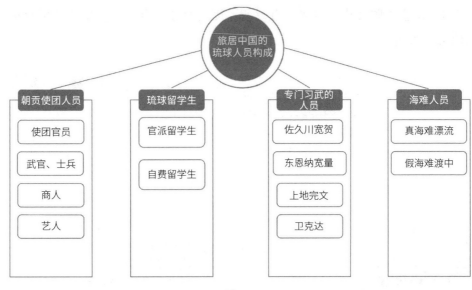

图1-2

（四）中国武术家是武术传向琉球的贡献者

中国武术家对琉球武术的发展起到了重要作用。这些武术家主要有随册封使团进入琉球的中国武官公相君、白鹤拳高手吴贤贵、虎拳高手周子和、虎桩拳和五祖拳拳师唐大基、鸣鹤拳拳师谢崇祥，以及中国武官刘龙公等。

（五）中国武术文化和技术是空手道文化和技术的核心要素

空手道的礼节鞠躬礼和坐礼均来源于武术的礼节。中国武术早期的礼节以鞠躬礼和跪礼为主，拱手礼演变成抱拳礼。而在空手道中，一些技术就是以拱手礼的手法开始的，足以说明其礼节的来源。

空手道的传承方式仍然以师承为主，许多流派都能够找到师承谱系。这与中国武术一脉相承，表明其深受中国武术的影响。

空手道技术由中国武术技术演变发展而来，无论是手法、腿法、身法还是攻防、呼吸、套路（型），都来源于中国传统武术的技法（图1-3）。

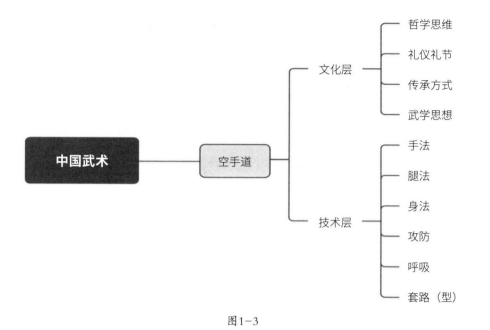

图1-3

第二节　空手道传承发展脉络

空手道起源于中国，萌芽于琉球，成型于日本，流行于全世界。在武术向琉球传播的数百年中，武术不断发展，形成了唐手，唐手又发展成了空手道。在这几百年的发展过程中，空手道具有清晰的发展脉络并形成了诸多流派。本节主要介绍空手道的主要发展脉络。

一、首里手系

首里手是流传于首里的武术，是首里王城贵族继承和发展起来的。首里手以中国北派拳法为原型，动作敏捷灵活，大开大合，擅长中长距离的进攻。

二、那霸手系

那霸手是流传于那霸港口一带的拳术，主要是当地的平民阶层继承和发展起来的。那霸手以中国南派武术为原型，吸收了南派武术重视筋骨和气息的特点，动作刚健有力，擅长贴身近打。那霸手可分为鹤拳、五祖拳系，刘卫流系，湖城流系。

三、泊手系

泊手是流行于泊村的武术，是由泊村的居民学习外来武术而形成的，风格与首里手相近。

四、上地流系

上地流是由上地完文于1896—1909年在中国福建省拜虎拳大师周子和所习之虎形拳为基础发展起来的。

第三节 空手道流派演变

　　琉球灭亡之后，一些精于唐手的琉球人进入日本本土，或谋生，或求学，如糸洲安恒的学生屋部宪通、花城长茂等人从1892年开始在日本本土生活了数年。然而，这些人并没有在日本本土武术家面前展示武术，因此也并没有让唐手在日本本土进行有效的传播。1922年，在第一届日本体育博览会上，船越义珍的表演引起了轰动，在东京引起了唐手学习潮。而在此时，唐手并没有流派之分。1926年，嘉纳治五郎到冲绳观摩唐手。冲绳县官厅通过协调，与冲绳唐手家达成一致，将冲绳当时流传的唐手按地域分为首里手、那霸手和泊手。1934年，本部朝基在东京设立"大道馆"，并称自己的流派为"日本传流兵法本部拳法"，而他的学生则称之为"本部流拳法"。1936年，摩文仁贤和根据自己的师父糸洲安恒和东恩纳宽量的姓名，取首字创立"糸东流"。1939年，船越义珍在日本本土建立了自己的第一家唐手道馆，取名"松涛馆"，之后称自己的流派为"松涛馆流"；大约同年，大冢博纪创立"和道流"。之后，一些流派也纷纷成立。

　　首创流派的老师们相继去世后，他们的弟子由于矛盾或个人原因进行了一些分裂活动，或独立门户、另创门派，或成为流派的分支。

| 第二章 |

空手道搏击健身操的特点与价值

本空手道搏击健身操以空手道基本技术为组合元素，吸收了一些流行艺术的表现方法和手段，不仅展示了"优美韵律，身心并练"的特点，也展示了空手道的搏击价值，融攻防于健身操中。本空手道搏击健身操是包含热身运动、手技、足技、手足技组合和放松运动的居家搏击健身操。本空手道搏击健身操既有搏击的特色又有操舞的特点，适用于学校体育课，空手道馆训练课，空手道社团课，各级空手道队、工厂、企业等进行室内室外健身或热身训练。经笔者结合教学实践，本空手道搏击健身操非常适合大、中、小学生练习。

第一节　空手道搏击健身操的特点

一、具有搏击特色

本空手道搏击健身操以空手道的基本技术作为整个技术体系的核心，包含了空手道的基本手形、足形、站立、手技和足技等。本空手道搏击健身操糅合了空手道的众多动作，突出了空手道的搏击特色。

二、具有时尚性

本空手道搏击健身操使音乐律动与空手道技术有机地融为一体，体现了时尚特点，展现了青春活力。

三、造型优美

本空手道搏击健身操结合人体的生理、心理特点及空手道技术特点，将空手道技术科学编排。编排的动作左右对称、手脚并用、造型优美，体现了君子之拳、和谐之美。

四、技术组合节奏鲜明

本空手道搏击健身操配上流行歌曲，富有较强的韵律感。空手道的技术动作与音乐节奏相互配合，动感十足、节奏鲜明。

五、内容形式易学易练

本空手道搏击健身操为推广普及而创编，在动作方面进行了简化。全套动作共分五大部分、35节，每节一个完整动作，力戒繁杂。每节动作前后承接自然，练习者初步掌握空手道基础动作，在业余时间通过扫描视频二维码即可跟着视频学习技术动作。而且，本空手道搏击健身操对场地几乎没有要求，可在办公室、教室等场所随时锻炼。

六、促进全方位锻炼

本空手道搏击健身操包含起蹲、跳跃、进、退等多方向的运动，呈现各角度的人体屈展运动；既有柔韧性练习，也有力量性练习。练习者经过不断的重复练习，不仅可以达到强身健体的效果，还可以领悟武道精神。

第二节　空手道搏击健身操的价值

一、锻炼优美的体形和体态

本空手道搏击健身操动作舒展大方，大部分动作以腰旋转为主。完整套路练习用时6分钟左右，缩减套路练习用时3分钟左右，通过多次重复练习，可以有效减少脂肪，锻炼优美的体形和体态。

二、促进健康

笔者在创编本空手道搏击健身操时充分考虑了其健身性、可行性和科学性，将空手道的动作与其他操舞动作结合起来，由上到下，由外到内，内外兼练。运动强度由小到大再到小，由热身到技术动作练习再到放松。整套动作一气呵成，手脚并用，快慢相间，不仅具有舒筋活血、促进新陈代谢的作用，还具有增强体质、提高免疫力的锻炼价值，可以促进健康。

三、提高肢体灵活性

本空手道搏击健身操以空手道的基本技术为元素创编而成，其动作包括冲拳、直拳、勾拳、摆拳、上格挡、下格挡、外格挡、内格挡、手刀格挡等手法，包括膝击、前踢、前刺踢、弧形踢、侧踢、后踢等腿法。而这些动作在音乐韵律带动下起承转合、上下协调、刚柔并济，可以提高练习者的肢体灵活性。

四、提高防身自卫能力

本空手道搏击健身操中不仅融入了空手道进攻的拳法、腿法及组合技术，同时也融入了空手道的防身移动技术，可以提高练习者的防身自卫能力。

五、培养意志品质

经常练习本空手道搏击健身操能培养练习者不断进取、不怕困难、不怕吃苦的意志品质，增强练习者的自信心。

| 第三章 |

空手道搏击健身操基础

第一节　着装与礼节

一、着装

（一）道服

根据空手道规则，空手道练习者一般穿纯白、无条纹、无滚边的道服。上衣系上腰带后，下摆需要遮盖住臀部，下摆的长度不得超过大腿的四分之三。袖子的长度不得超过手腕，不得短于前臂的二分之一，袖子不能卷起。腰带系紧后，裤腿的长度不得超过踝关节，不得短于小腿的三分之二，同时，裤腿也不能卷起。

（二）腰带

正确的腰带系法不仅使着装优美大方，而且在训练和比赛中不易使腰带松开。下面介绍在训练和比赛中较受欢迎的腰带系法。

（1）取出腰带，两手虎口相对握住腰带中点的两侧，使腰带中点对准腹前中点约肚脐的位置（图3-1）。

（2）两手握住腰带向身后滑动并使腰带重叠，右手持腰带在下，左手持腰带在上，两手交换腰带，向前继续滑行并把腰带的两端拉到身体前方（图3-2）。

图3-1　　　　　　　　　　　　　　图3-2

（3）右边腰带往中点处重叠并盖住腰带中点，左边腰带压住右边腰带并换手（图3-3），接着右手持外层腰带从下往上穿过两层腰带，两手用力调整好腰带的松紧度（图3-4、图3-5）。

（4）左边腰带从上往下紧贴道服穿过腰带并预留一个圆孔（图3-6）。

图3-3

图3-4

图3-5

图3-6

（5）右边腰带从左边的孔内经右向左穿过，保留一个圆孔并拉紧下面的腰带（图3-7）。

（6）左手捏住下面的腰带经上往下穿过步骤（4）留下的圆孔（图3-8）。

（7）两手各持腰带一端，用力拉紧使腰带打结。

（8）整理打结处，使腰带两端长度一致且优美地下垂（图3-9）。

图3-7

图3-8   图3-9

二、礼节

无论是上课、训练，还是比赛，空手道都强调以礼始、以礼终。空手道的礼节分为鞠躬礼和坐礼。

（一）鞠躬礼

两脚脚跟并拢，两脚脚尖成60°分开，两手放在两腿外侧，手心向内，立腰拔背，目视前方（图3-10）；上身成30°鞠躬，头与躯干保持一条直线，目视斜前方，眼睛的余光看着对方（或前方）（图3-11）；保持30°鞠躬2~3秒后，恢复成立正姿势。

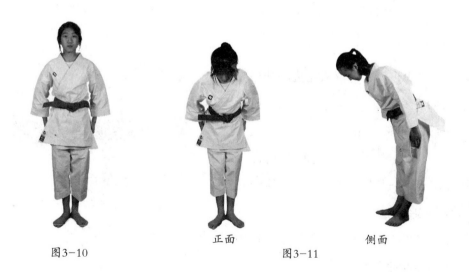

图3-10   正面   图3-11   侧面

（二）坐礼

两脚脚跟并拢，两脚脚尖成60°分开，两手放在两腿外侧，手心向内，立腰拔背，目视前方（图3-12）；左脚往后一小步，前脚掌着地，然后屈膝下蹲使左膝跪在地上（图3-13）；接着，右膝跪在地上并保持两膝并拢（男士两膝之间可以有约两拳的距离），右脚前脚掌着地（图3-14）；两脚脚尖放平，脚背朝下，收膝后坐，两脚拇趾并在一起，臀部坐在两脚脚跟上，两手虎口向内收放于两大腿上（图3-15）；左右手依次放在膝前，虎口斜向内，保持直背，然后屈肘微低头行礼，臀部不得离开脚跟（图3-16至图3-18）；恢复立正姿势时，先收回右手，再收回左手，两脚前脚掌着地后，要先收回右脚，再收回左脚，最后还原成立正姿势（图3-19至图3-23）。

图3-12

图3-13

图3-14

图3-15

图3-16

图3-17

图3-18　　　　　　图3-19　　　　　　图3-20

图3-21　　　　　　图3-22　　　　　　图3-23

第二节　基本手形、足形

一、基本手形

（一）握拳

伸出手指，拇指伸开，其余四指并拢；保持拇指不动，其余四指向内
弯曲并握紧；接着，拇指弯曲扣于食指、中指与无名指的第二指节上，拳
面和拳背要平（图3-24至图3-29）。

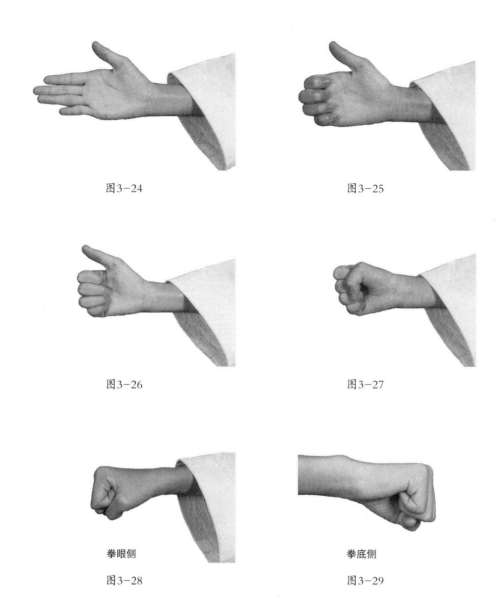

图3-24

图3-25

图3-26

图3-27

拳眼侧

图3-28

拳底侧

图3-29

（二）正拳

正拳是实战技法中使用较多的手形。攻击点在食指与中指的第三指节，这两点与手背、手腕和手臂成90°（图3-30、图3-31）。以基本功的冲拳为例，正拳在击打时，拳要从腰间旋臂向前快速打出，力达拳面。

19

图3-30 图3-31

（三）锤拳

锤拳的攻击点在拳的小指侧（图3-32）。使用锤拳时，拳自上而下快速进行击打。击打时，手臂要伸直，臂要抡成立圆。

（四）反拳

反拳又称裹拳，攻击点在拳的第三指节的拳轮部位。反拳多用来击打对方的面部或太阳穴。反拳击打时手臂弯曲，拳心向后，快速向前推打（图3-33）。

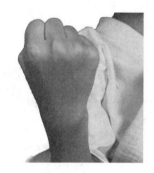

图3-32 图3-33

（五）平拳

握拳时拇指弯曲内扣，其余四指的第三指节伸直，第一、第二指节弯曲，手心尽量张开，拇指指尖用力顶住食指指尖（图3-34、图3-35）。平拳用于击打对方的脸颊、耳门、太阳穴等部位。

图3-34

图3-35

（六）手刀

手指并拢并略弯曲，拇指内扣，攻击点在小指侧（图3-36）。手刀可用来击打对方的颈部、手腕等部位，也可用于格挡。

（七）背刀

背刀使用手刀的反面即拇指侧（拇指要尽量内扣，使拇指指根侧与食指指根侧形成一个平面）进行击打，攻击对方的太阳穴、眉间或者颈部（图3-37）。

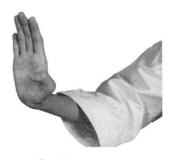

图3-36

图3-37

（八）掌底

拇指弯曲内扣，其余四指的第一、第二指节弯曲，手心尽量外展，第三指节伸直，手心与手腕接近垂直，攻击点在手掌根部（图3-38）。

（九）贯手

拇指弯曲内扣，其余四指伸直，与手臂在一条直线上，攻击点在四指的指尖，多用来攻击对方的眼睛、咽喉、心窝等部位（图3-39）。

图3-38   图3-39

（十）背手

手形与贯手一样，攻击点在手背，多用来击打对方的面部（图3-40）。

（十一）腕刀

腕刀使用前臂的下缘作为攻击部位，攻击对方的颈部，也可以用来格挡（图3-41）。

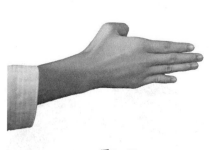 

图3-40   图3-41

（十二）肘

握紧拳头，手臂弯曲，前臂与上臂相靠，攻击点在肘尖，用于攻击对方的头部、面部、胸部和腹部（图3-42）。

（十三）熊手

握平拳，以拇指之外的四指的第二指节为攻击点，第三指节尽量向外展开，拇指指尖紧贴食指指尖，用于攻击对方的面部（图3-43）。

图3-42   图3-43

（十四）一本拳

握拳时食指的第二指节高高突起，拇指指腹用力顶住食指的第一指节，并和中指一起用力紧紧夹住食指（图3-44）。拳击打的力点在食指的第二指节，用于攻击对方的人中、眉间、眼睛、太阳穴、心窝等部位。

（十五）中高一本拳

握拳时中指的第二指节高高突起，拇指指腹用力顶住中指的第一指节，食指和无名指一起用力紧紧夹住中指（图3-45）。中高一本拳的用法与一本拳相同。

图3-44   图3-45

（十六）一本贯指

食指伸直，其余手指的第一、第二指节卷曲，用来攻击对方的鼻孔或眼睛（图3-46）。

（十七）二本贯指

食指和中指伸直，其余手指的第一、第二指节卷曲，拇指顶住无名指

图3-46　　　　　　　　　　　　　图3-47

的第一指节内侧（图3-47）。二本贯指多用来攻击对方的穴位、眼睛等容易点中的部位。

（十八）鸡头

腕内收使拇指侧面和手腕在一条直线上，突出拇指根部。击打时力点在拇指根部，用来击打对方的肋骨或冲出的手臂（图3-48）。

（十九）鹤头

五指捏拢屈腕，用弯曲的手腕顶部击打对方的下颌、面部等，也可进行防守（图3-49）。

图3-48　　　　　　　　　　　　　图3-49

（二十）鹭手

五指捏拢，力点在捏拢的五指指尖上，用来攻击对方的咽喉、太阳穴等部位（图3-50）。

（二十一）虎口

拇指和食指分开成弧形，其余三指弯曲内扣，使用虎口部位卡抓对方的脖子、关节等部位（图3-51）。

图3-50　　　　　　　　　　　　　　图3-51

二、基本足形

（一）前足底

脚趾上翘，使脚趾的根部展开，前脚掌的部位为前足底。前足底多使用在前刺腿、横刺腿和猫足立中，多用来攻击对方的下颌、胸部、腹部以及后背等部位（图3-52）。

（二）足刀

脚勾起与小腿垂直，小趾外侧到脚跟部位为足刀，可以用来攻击对方的下颌、面部、颈部、腹部、肋部、膝和小腿等部位（图3-53）。

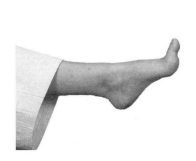
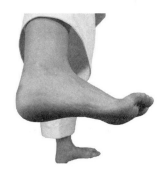

图3-52　　　　　　　　　　　　　　图3-53

（三）后足底

脚勾起时脚跟部位为后足底，可以用来攻击对方的面部、胸部、腹部、膝和小腿等部位（图3-54）。

（四）足背

踝关节伸展，脚趾向下弯曲，脚趾至踝关节之间的部位为足背，可以用来攻击对方的头部、颈部、胸部、背部、两肋部、裆部等部位（图3-55）。

（五）足尖

脚趾向下弯曲时脚趾的关节部位为足尖，主要用来攻击对方的下颌、裆部等部位（图3-55）。

（六）膝

膝即膝关节，用来攻击对方的头部、胸部、裆部等部位，也可以用来防守对方的低踢腿进攻（图3-56）。

（七）正足底

正足底即脚心位置，可以用来攻击对方的头部、胸部、腿部等部位，也可以用来阻击对方的进攻，破坏对方的进攻态势（图3-57）。

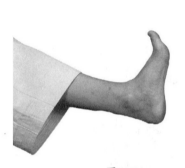

图3-54

图3-55

图3-56

图3-57

第三节　基本站立

一、闭足立

两脚脚跟、脚尖相互靠近，两腿并拢伸直（图3-58）。

二、结立

结立即立正站立。两脚脚跟并拢，两脚脚尖外展成60°，两腿并拢伸直（图3-59）。

三、平行立

两脚分开，两脚间距与肩同宽，两脚外沿平行（图3-60）。

图3-58

四、外八字立

两脚分开，两脚脚跟间距与肩同宽，两脚脚尖外展成60°（图3-61）。

图3-59　　　　　　　图3-60　　　　　　　图3-61

五、内八字立

两脚分开，两脚脚跟间距与肩同宽，两脚脚尖微内扣，沉腰，使膝关节与足尖在一条直线上（图3-62）。

六、骑马立

两脚分开，两脚脚跟间距约为一小腿加三拳的距离，两膝弯曲并向两侧外展，膝关节前端尽量在拇趾正上方，重心在两腿中间（图3-63）。

七、四股立

两脚分开，两脚脚跟间距约为一小腿加三拳的距离，两脚脚尖外展成90°，两小腿垂直于地面（图3-64）。

图3-62   图3-63   图3-64

八、"L"字立

前脚正对前方，与后脚脚跟紧贴在一起，后脚外展约90°，与前脚成"L"字形（图3-65）。

九、基本立

两脚前后开立，前腿弯曲，小腿垂直于地面，脚尖微内扣，后腿伸直，脚尖微内扣，两脚前后间距以后腿屈膝下跪后与前脚脚跟基本接触为准（图3-66）。

十、前屈立

两脚前后开立，前腿弯曲，小腿垂直于地面，脚尖微内扣，后腿伸直，脚尖微内扣，两脚前后间距以后腿屈膝下跪后与前脚脚跟相距大约三拳为准，体重按7:3的比例分布于前腿、后腿（图3-67）。

图3-65 　　　　　　　　　正面　　　图3-66　　　　　侧面

正面　　　　　　　侧面

图3-67

十一、后屈立

两脚前后开立，前腿伸直，脚尖内扣，后腿屈膝并外撑站立，两脚脚跟所在直线与肩平行，两脚前后间距与前屈立相同，体重按7:3的比例分于后腿、前腿（图3-68）。

正面　　　　　　　　　　侧面

图3-68

十二、猫足立

后脚脚尖外展约45°，两腿屈膝，前脚脚尖着地，脚跟抬起，脚掌与地面保持垂直，髋关节内收，重心位于身体中心，体重按7:3的比例分布于后腿、前腿（图3-69）。

正面　　　　　　　　　　侧面

图3-69

十三、交叉立

前腿弯曲，前脚全脚掌着地，使膝关节与脚尖指向同一方向，后脚脚跟抬起，后腿膝关节弯曲紧靠在前腿膝关节后（图3-70）。

正面　　　　　　　　侧面

图3-70

十四、三战立

前脚脚尖内扣，后脚脚尖朝向正正前方，沉腰，使膝关节与脚尖指向同一方向，前脚脚跟与后脚脚尖保持在同一水平线上，两膝内扣，需要提收肛门使髋关节后坐（图3-71）。

正面　　　　　　　　侧面

图3-71

十五、鹭足立

（1）一腿伸直支撑，另一腿屈膝抬起，脚内侧附于支撑腿膝关节内侧，脚背绷直（图3-72）。

正面　　　　　　　　侧面

图3-72

（2）一腿微屈支撑，另一腿屈膝抬起，脚背扣于支撑腿膝关节后（图3-73）。

正面　　　　　　　　侧面

图3-73

第四节　基本手技

一、基本格挡

（一）外八字立上段格挡

上体正直，两手握拳自然下垂于身体两侧略前方，两脚成外八字立，目视前方（图3-74）。以右臂上格挡为例，左拳向胸前伸出，拳心向内，拳眼向左；右拳从右肋间侧旋转向左前伸出，在胸前与左臂相交叉，左拳在内，右拳在外，目视前方（图3-75）。左拳外旋回收于左肋间，拳心向上；右拳内旋经脸前斜向头上方架挡，拳心斜向前，拳眼斜向下，目视前方（图3-76）。左臂上格挡时动作要求相同，只是左右相反。

图3-74　　　　正面　　图3-75　　　侧面

正面　　　侧面

图3-76

（二）外八字立中段内格挡

上体正直，两手握拳自然下垂于身体两侧略前方，两脚成外八字立，目视前方（图3-77）。以右臂内格挡为例，右拳上提置于右肩侧上方，拳心向左；左拳收于左肋间，拳心向上（图3-78）。右臂以肩关节为轴，斜向下快速内旋从外向内画弧，格挡到身体中线稍偏左的位置，用前臂内侧部位格挡对方的攻击，此时拳心向内，拳眼向右（图3-79）。左臂内格挡时动作要求相同，只是左右相反。

图3-77   图3-78   图3-79

（三）外八字立中段外格挡

上体正直，两手握拳自然下垂于身体两侧略前方，两脚成外八字立，目视前方（图3-80）。以右臂外格挡为例，左臂上抬至身体左侧前方，上臂和前臂保持约90°的夹角，拳心向内，拳眼向左；右拳上提至左肋间，拳心向下，拳眼向内（图3-81）。右前臂以肘关节为轴外旋，经左臂下方，向前用前臂外侧部位格挡对方的进攻，此时肘尖向下，拳眼向右；同时，左臂经右臂上方收于左肋间，拳心向上，拳眼向左（图3-82）。左臂外格挡时动作要求相同，只是左右相反。

图3-80　　　　　　　　图3-81　　　　　　　　图3-82

（四）外八字立下段格挡

上体正直，左拳收于左肋间，拳心向上，右拳伸向下段，拳心向下，拳眼向左，两脚成外八字立，目视前方（图3-83）。以左臂下格挡为例，左拳抬起放于右肩前方，拳眼斜向上（图3-84）。左拳内旋斜向下画弧格挡至身体左侧前方，拳心斜向内，拳眼向右，同时右拳快速回收于右肋间（图3-85）。右臂下格挡时动作要求相同，只是左右相反。

图3-83　　　　　　　　图3-84　　　　　　　　图3-85

（五）外八字立手刀格挡

上体正直，两手握拳自然下垂于身体两侧略前方，两脚成外八字立，目视前方（图3-86）。以左手手刀格挡为例，左手手刀收于右肩前方，掌心向上，掌指斜向上；右手向前伸，手臂微屈，做手刀外格挡状，手刀斜向前（图3-87）。左手手刀外旋向前画弧格挡至身体左侧前方，手刀斜向前，同时右手手刀快速回收贴靠在胸口处（图3-88）。右手手刀格挡时动作要求相同，只是左右相反。

图3-86   图3-87   图3-88

二、基本冲拳

（一）外八字立中段冲拳

上体正直，两手握拳自然下垂于身体两侧略前方，两脚成外八字立，目视前方（图3-89）。左拳抬起做中段冲拳状准备，右拳收于右肋间，拳心向上（图3-90）。右拳内旋向对方的胸口冲拳，拳心向下，力达拳面；同时，左拳收于左肋间，略微拧腰，把左肘肘尖向后顶，与右拳一前一后形成一种对拉张力，并以腰带动增加右拳的冲击力（图3-91）。如此左右拳反复、交替练习，可以提高冲拳的速度和力度，锻炼腰部的灵活性。

图3-89 图3-90 图3-91

（二）外八字立上段冲拳

上体正直，两手握拳自然下垂于身体两侧略前方，两脚成外八字立，目视前方（图3-92）。左拳抬起做上段冲拳状准备，右拳收于右肋间，拳心向上（图3-93）。右拳内旋向对方的鼻尖或下巴高度冲拳，拳心向下，力达拳面。同时，左拳收于左肋间，略微拧腰，把左肘肘尖向后顶，与右拳一前一后形成一种对拉张力，并以腰带动增加右拳的冲击力（图3-94）。上段冲拳练习方法与中段冲拳相同，唯高度不同。

图3-92 图3-93 图3-94

（三）外八字立下段冲拳

上体正直，两手握拳自然下垂于身体两侧略前方，两脚成外八字立，目视前方（图3-95）。左拳抬起做下段冲拳状准备，右拳收于右肋间，拳心向上（图3-96）。右拳内旋向对方的腹部高度冲拳，拳心向下，力达拳面。同时，左拳收于左肋间，略微拧腰，把左肘肘尖向后顶，与右拳一前一后形成一种对拉张力，并以腰带动增加右拳的冲击力（图3-97）。下段冲拳练习方法与中段冲拳相同，唯高度不同。

图3-95 　　　　　　　图3-96 　　　　　　　图3-97

（四）四股立上段、中段、下段冲拳

上体正直，两脚分开，两腿屈膝成四股立，目视前方。右拳收于右肋间，右肘肘尖向后顶出；同时，左拳内旋，快速向对方的鼻尖或下巴高度做上段冲拳（图3-98）。中段冲拳的方法与上段冲拳相同，只是冲拳高度在膻中穴（图3-99）。下段冲拳的方法与上段冲拳相同，只是冲拳高度在腹部（下丹田）（图3-100）。

图3-98   图3-99   图3-100

（五）前屈立中段顺冲拳、逆冲拳

所谓顺冲拳，就是冲拳的手臂与跨出去的前腿是同一侧肢体，反之是逆冲拳。

右拳顺冲拳时，右脚向前跨步成前屈立，同时，右拳内旋向前中段冲拳，左拳快速外旋收于左肋间。要求上体正直，挺腰，沉气（图3-101）。

左拳逆冲拳时，在上述顺冲拳的基础上，保持前屈立不动，左拳做中段冲拳，同时右拳收于右肋间（图3-102）。

图3-101   图3-102

第五节 基本足技

一、前刺踢

（1）左脚在前成左架格斗式站立，左手握拳在前约与肩同高，上臂与前臂的夹角约为120°，右手握拳在后约与胸口同高（图3-103）。

（2）重心前移，左脚外展，右腿提膝使大腿超过水平线，脚尖勾起（图3-104）。

（3）向前送胯送右腿，身体微后仰以保持平衡，右脚脚背绷直，脚尖勾起，力达前足底（图3-105）。

正面　　　　　　侧面　　　　　　　正面　　　　　　侧面

图3-103　　　　　　　　　　　图3-104

正面　　　　　　侧面

图3-105

（4）快速收腿成提膝状，大致与动作（2）相同。

（5）还原成左架格斗式站立。

二、弧形踢

（1）左脚在前成左架格斗式站立，左手握拳在前约与肩同高，上臂与前臂的夹角约为120°，右手握拳在后约与胸口同高（图3-106）。

（2）重心前移，左脚外展，右腿提膝使大腿超过水平线（图3-107）；接着小腿外展使踝关节约与臀部同高，膝关节斜向左上方，脚背绷直（图3-108）。

（3）转腰转胯使右腿经侧成弧形向左前踢出，身体微侧倾，右脚脚背绷直，脚趾向下弯曲，力达脚背（图3-109）。

图3-106

图3-107

图3-108

图3-109

（4）快速收腿成提膝状，大致与动作（2）相同（图3-110、图3-111）。

（5）还原成左架格斗式站立（图3-112）。

图3-110　　　　　　　图3-111　　　　　　　图3-112

三、侧踢（侧蹬）

（1）左脚在前成左架格斗式站立，左手握拳在前约与肩同高，上臂与前臂的夹角约为120°，右手握拳在后约与胸口同高（图3-113）。

（2）重心前移，身体左转，左脚外展，右腿提膝使大腿超过水平线，并继续转身收膝，使右腿在体侧折叠，脚尖勾起（图3-114、图3-115）。

图3-113　　　　　　　图3-114　　　　　　　图3-115

（3）右腿经侧向前踢出，身体微侧倾，右脚脚尖勾起，脚趾微上翘，力达脚跟（图3-116）。

（4）快速收腿成提膝状，大致与动作（2）相同（图3-117、图3-118）。

（5）还原成左架格斗式站立（图3-119）。

图3-116　　　　　　　　图3-117

图3-118　　　　　　　　图3-119

四、后踢

（1）左脚在前成左架格斗式站立，左手握拳在前约与肩同高，上臂与前臂的夹角约为120°，右手握拳在后约与胸口同高（图3-120）。

（2）重心前移，以左脚脚尖为轴，左脚脚跟外旋，身体向右后方转动，目视后方（图3-121）；同时，提起右腿，使大腿和小腿折叠，脚尖勾起，头部稍向右后方转动（图3-122）。

（3）右腿向后蹬，力达脚跟，此时膝关节朝向斜下方，同时上体下倾，头向右后转，目视攻击方向（图3-123）。

（4）快速收腿成提膝状，大致与动作（2）相同。

（5）向右转身还原成左架格斗式站立（图3-124）。

图3-120　　　　　　　　图3-121　　　　　　　　图3-122

正面　　　　　　　　　侧面
　　图3-123　　　　　　　　　　　　　图3-124

五、勾踢

（1）左脚在前成左架格斗式站立，左手握拳在前约与肩同高，上臂与前臂的夹角约为120°，右手握拳在后约与胸口同高（图3-125）。

（2）重心前移，以左脚脚尖为轴，左脚脚跟内旋，身体向左侧转，右腿提膝向左侧抬起，脚尖勾起（图3-126）。

（3）右腿经左侧画弧向右摆动，力达前足底，此时膝关节朝向左侧，同时上体后倾，目视攻击方向（图3-127）。

（4）快速收腿成提膝状，大致与动作（2）相同。

（5）还原成左架格斗式站立。

图3-125　　　　　　　图3-126　　　　　　　图3-127

六、前踢

（1）左脚在前成左架格斗式站立，左手握拳在前约与肩同高，上臂与前臂的夹角约为120°，右手握拳在后约与胸口同高（图3-128）。

（2）重心前移，左脚外展，右腿提膝使大腿超过水平线，脚背绷直（图3-129）。

（3）右腿向前踢出，身体微后仰，髋关节向前送，右脚脚背绷直，力达脚背（图3-130）。

（4）快速收腿成提膝状，大致与动作（2）相同。

（5）还原成左架格斗式站立。

图3-128

正面　　　　　　　图3-129　　　　　　　侧面

正面　　　　　　　图3-130　　　　　　　侧面

| 第四章 |
空手道搏击健身操动作图解

第一节　全套动作名称

配乐：*I find the way*

第一部分　热身运动

1.开合跳	2×8拍
2.前屈立、四股立转换跳	2×8拍
3.小跑跳击掌	2×8拍
4.后交叉步上冲拳下格挡	2×8拍
5.提膝前踢	2×8拍
6.侧提膝侧上踢	2×8拍

第二部分　手技运动

1.平行立冲拳	2×8拍
2.左前屈立下格挡	2×8拍
3.右前屈立上格挡	2×8拍
4.右猫足立内格挡	2×8拍
5.左猫足立手刀	2×8拍
6.四股立冲拳	2×8拍
7.后屈立外挡下挡	2×8拍
8.格斗式直拳组合	左右架各2×8拍
9.平行立摆拳	2×8拍
10.平行立勾拳	2×8拍

第三部分　足技运动

1.向前膝击	左右膝各1×8拍
2.向侧膝击	左右膝各1×8拍
3.提膝+前踢	2×8拍
4.弧形踢腿	左右腿各2×8拍

5.前踢	2×8拍
6.侧踢	左右腿各2×8拍
7.前刺踢	2×8拍

第四部分　手足技组合运动

1.提膝+冲拳	左右膝各2×8拍
2.直拳+前踢	2×8拍
3.后手拳+弧形踢	左右架各2×8拍
4.后手拳+后踢	左右架各2×8拍
5.摆拳+侧踢	左右架各2×8拍
6.直拳+前刺踢	2×8拍

第五部分　放松运动

1.格斗式前后移动	左右架各2×8拍
2.格斗式左右移动	2×8拍
3.抬手小踢腿	2×8拍
4.提膝交叉臂	2×8拍
5.四股立开合步侧平举	2×8拍
6.深呼吸	5×8拍

第二节　动作分解教学

准备：立正并行鞠躬礼（图4-1至图4-3）。

前奏音乐：2×8拍。

图4-1

图4-2

图4-3

第一部分　热身运动

1.开合跳（2×8拍）

第1个8拍

1拍：从结立姿势开始（图4-3），两脚跳步分开，同时两手经侧向外再向上在头上方合掌，掌心斜向前，如空手道型中的观空动作（图4-4）。

2拍：两脚跳步并拢，两手经上向侧再向下收于两腿外侧（图4-5）。

3-4拍、5-6拍、7-8拍：同1-2拍。

第2个8拍

同第1个8拍。

图4-4

图4-5

注意事项：开合跳时踝关节要富有弹性，手臂不要太紧张，注意呼吸与动作相配合。

2.前屈立、四股立转换跳（2×8拍）

第1个8拍

1拍：从闭足立姿势开始（图4-6），跳动成左前屈立，同时两手握拳举至胸前成格斗式防守状（图4-7）。

2拍：两拳不动，两脚跳动成右前屈立（图4-8）。

3拍：接着两脚跳动向两侧分开成四股立，同时两拳变掌经胸前交叉向两侧分开成侧平举（图4-9）。

4拍：两脚跳动回收成闭足立姿势（图4-10）。

图4-6   图4-7   图4-8

图4-9

图4-10

5-8拍：同1-4拍。

第2个8拍

同第1个8拍。

注意事项：跳动时踝关节、膝关节要富有弹性，前屈立、四股立时膝关节要弯曲到位，注意呼吸与动作相配合。

3.小跑跳击掌（2×8拍）

第1个8拍

1-4拍：从闭足立姿势开始（图4-11），以左脚开始向前小跑（图4-12），接着右脚、左脚依次向前小跑（图4-13、图4-14），两手握拳在身体两侧自然

图4-11 　　　　　　　　　　图4-12

图4-13 　　　　　　　　　　图4-14

摆动，第4拍时两脚跳动并拢，同时两拳变掌在腹前击掌（图4-15）。

5-8拍：从两脚并拢击掌姿势开始，以左脚开始向后小跑，接着右脚、左脚依次向后小跑，两手握拳在身体两侧自然摆动，第8拍时两脚跳动并拢，同时两拳变掌在腹前击掌（图4-16至图4-19）。

第2个8拍

同第1个8拍，只是最后一拍还原成闭足立姿势。

图4-15　　　　　　　　图4-16　　　　　　　　图4-17

图4-18　　　　　　　　图4-19

4.后交叉步上冲拳下格挡（2×8拍）

第1个8拍

1拍：从闭足立姿势开始（图4-20），左脚向左开步，同时两手握拳，从下向上进行双冲拳（图4-21）。

2拍：右拳收于腹前，左拳收于右肩前（图4-22）。右脚向左脚斜后方插步，前足底踏地，同时左拳经右臂向左下方格挡，右拳收于右肋间，目视左后方（图4-23）。

3拍：右脚收回成开步状站立，同时两拳从下向上进行双冲拳（图4-24）。

4拍：左拳收于腹前，右拳收于左肩前（图4-25）。左脚向右脚斜后方插步，前足底踏地，同时右拳经左臂向右下方格挡，左拳收于左肋间，目视右后方（图4-26）。

5-8拍：同1-4拍。

第2个8拍

同第1个8拍，只是最后一拍还原成闭足立姿势（图4-27）。

图4-20　　　　　　　　图4-21　　　　　　　　图4-22

图4-23　　　　　　　　图4-24　　　　　　　　图4-25

图4-26

图4-27

5.提膝前踢（2×8拍）

第1个8拍

1拍：从闭足立姿势开始（图4-28），两手握拳在胸前成格斗式防守状，同时左腿向上提膝（图4-29）。

2拍：两拳不动，左腿放下，脚尖点地（图4-30）。

3拍：左腿向前踢出，力达脚背（图4-31）。

4拍：左脚收回成平行立格斗式防守状（图4-32）。

5-8拍：同1-4拍，只是换右腿完成动作（图4-33至图4-35）。

第2个8拍

同第1个8拍，只是最后一拍还原成闭足立姿势（图4-36）。

图4-28

图4-29

图4-30

图4-31　　　　　　　　　图4-32　　　　　　　　　图4-33

图4-34　　　　　　　　　图4-35　　　　　　　　　图4-36

6.侧提膝侧上踢（2×8拍）

第1个8拍

1拍：从闭足立姿势开始（图4-37），两手握拳在胸前成格斗式防守状，同时左腿向左上方提膝（图4-38）。

2拍：两拳不动，左腿放下，脚尖点地（图4-39）。

3拍：左脚向左上方踢出，力达脚背（图4-40）。

4拍：左腿收回成平行立格斗式防守状（图4-41）。

5-8拍：同1-4拍，只是换右腿完成动作（图4-42至图4-45）。

第2个8拍

同第1个8拍。

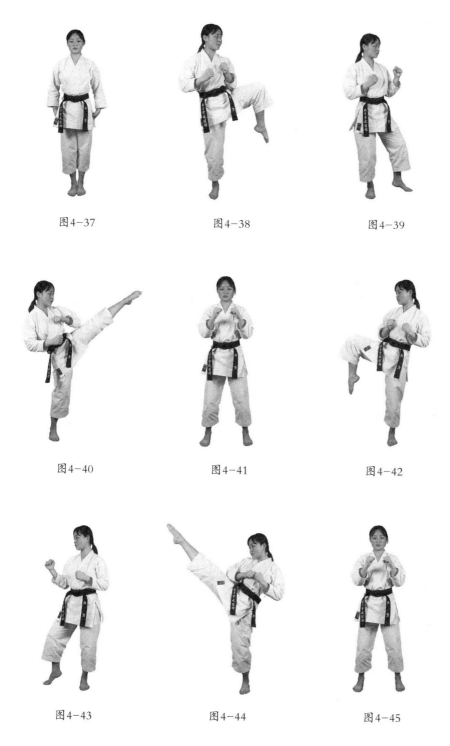

图4-37　　　　　　　图4-38　　　　　　　图4-39

图4-40　　　　　　　图4-41　　　　　　　图4-42

图4-43　　　　　　　图4-44　　　　　　　图4-45

备注：第一部分做完之后停1个8拍进行呼吸调整。

第二部分　手技运动

1.平行立冲拳（2×8拍）

第1个8拍

1-2拍：从平行立格斗式防守状开始（图4-46），左拳做中段冲拳，右拳收于右肋间，拳心向上（图4-47）。

3-4拍：下肢不动，右拳做中段冲拳，同时左拳收于左肋间，拳心向上（图4-48）。

5-8拍：同1-4拍，保持下肢不动。

第2个8拍

同第1个8拍，保持下肢不动。

图4-46　　　　　　　　图4-47　　　　　　　　图4-48

2.左前屈立下格挡（2×8拍）

第1个8拍

1-2拍：接上动，从平行立右冲拳开始，左脚上步成左前屈立，同时左拳做下格挡，右拳收于右肋间，拳心向上（图4-49）。

3-4拍：下肢不动，右拳做下格挡，同时左拳收于左肋间，拳心向上（图4-50、图4-51）。

5-8拍：同1-4拍，保持下肢不动。

图4-49   图4-50   图4-51

第2个8拍

同第1个8拍，保持下肢不动。

3.右前屈立上格挡（2×8拍）

第1个8拍

1-2拍：接上动，从左前屈立下格挡开始，两脚跳换步成右前屈立，同时右拳做上格挡，左拳收于左肋间，拳心向上（图4-52）。

3-4拍：下肢不动，左拳做上格挡，同时右拳收于右肋间，拳心向上（图4-53、图4-54）。

5-8拍：同1-4拍，保持下肢不动。

第2个8拍

同第1个8拍，保持下肢不动。

图4-52   图4-53   图4-54

4.右猫足立内格挡（2×8拍）

第1个8拍

1-2拍：接上动，从右前屈立上格挡开始，右脚回收成右猫足立，同时右拳做中段内格挡，左拳收于左肋间，拳心向上（图4-55）。

3-4拍：下肢不动，左拳做中段内格挡，同时右拳收于右肋间，拳心向上（图4-56、图4-57）。

5-8拍：同1-4拍，保持下肢不动。

第2个8拍

同第1个8拍，保持下肢不动。

图4-55　　　　　　　　图4-56　　　　　　　　图4-57

5.左猫足立手刀（2×8拍）

第1个8拍

1-2拍：接上动，从右猫足立内格挡开始，左右脚跳换步成左猫足立，同时左拳变手刀做中段手刀外格挡，右拳变手刀收于胸口处，掌心向上（图4-58）。

3-4拍：下肢不动，右手手刀做中段手刀外格挡，同时左手手刀收于胸口处，掌心向上（图4-59、图4-60）。

5-8拍：同1-4拍，保持下肢不动。

第2个8拍

同第1个8拍，保持下肢不动。

图4-58

图4-59

图4-60

6.四股立冲拳（2×8拍）

第1个8拍

1-2拍：接上动，从左猫足立手刀开始，左右脚向两侧跳动成四股立，同时左手变拳做中段冲拳，右手变拳收于右肋间，拳心向上（图4-61）。

3-4拍：下肢不动，右拳做中段冲拳，同时左拳收于左肋间，拳心向上（图4-62）。

5-8拍：同1-4拍，保持下肢不动。

图4-61　　　　　　　　　图4-62

第2个8拍

同第1个8拍，保持下肢不动。

7.后屈立外挡下挡（2×8拍）

第1个8拍

1-2拍：接上动，从四股立冲拳开始，两脚位置不变，身体右转，重心移至右腿，左腿发力蹬直成右后屈立，同时两拳经胸前交叉，右拳做中段外格挡于右前方，左拳做下格挡于左后方，目视左后方（图4-63）。

3-4拍：两拳经胸前交叉（图4-64），两脚位置不变，身体左转，重心移至左腿，右腿发力蹬直成左后屈立，左拳做中段外格挡于身体左前方，右拳做下格挡于身体右后方，目视右后方（图4-65）。

5-8拍：同1-4拍。

图4-63　　　　　　　图4-64　　　　　　　图4-65

第2个8拍

同第1个8拍。

注意事项：做后屈立转换时，两脚以前足底为轴转动，转动时以腰带动，转动后两脚要平行。

8.格斗式直拳组合（左右架各2×8拍）

第1个8拍

1-2拍：接上动，从后屈立外挡下挡开始，两脚跳步成左架格斗式站立

（图4-66），接着左脚上步，做左直拳（图4-67），右脚跟步，做右直拳（图4-68）。

3-4拍：右脚、左脚依次撤步，还原成左架格斗式站立（图4-69）。

5-8拍：同1-4拍。

图4-66　　　　　　　　　图4-67

图4-68　　　　　　　　　图4-69

第2个8拍

同第1个8拍，只是7-8拍时，先退左脚再退右脚，成右架格斗式站立。

注意事项：做左直拳、右直拳组合时动作要连贯，右拳向前击打时身体要尽量左转，右脚脚跟抬起，增加击打力量。

第3个8拍

1-2拍：接上动，成右架格斗式站立（图4-70），接着右脚上步，做右直拳（图4-71），左脚跟步，做左直拳（图4-72）。

3-4拍：左脚、右脚依次撤步，还原成右架格斗式站立（图4-73）。

5-8拍：同1-4拍。

图4-70　　　　　　　　　　图4-71

图4-72　　　　　　　　　　图4-73

第4个8拍

同第3个8拍，只是第8拍时两脚换成平行立格斗式防守状。

注意事项：做右直拳、左直拳组合时动作要连贯，左拳向前击打时身体要尽量右转，左脚脚跟抬起，增加击打力量。

9.平行立摆拳（2×8拍）

第1个8拍

1-2拍：接上动，从平行立格斗式防守状开始（图4-74），做左摆拳并收回（图4-75至图4-77）。

3-4拍：下肢不动，做右摆拳并收回（图4-78至图4-80）。

5-8拍：同1-4拍。

第2个8拍

同第1个8拍。

注意事项：摆拳时要以腰带动，增加拧转力量。

图4-74   图4-75   图4-76

图4-77   图4-78   图4-79

10.平行立勾拳（2×8拍）

第1个8拍

1-2拍：从平行立格斗式防守状开始（图4-80），下肢不动，做左勾拳并收回（图4-81至图4-83）。

3-4拍：下肢不动，做右勾拳并收回（图4-84至图4-86）。

5-8拍：同1-4拍。

第2个8拍

同第1个8拍。

图4-80

图4-81

图4-82

图4-83

图4-84

图4-85

图4-86

注意事项：勾拳时要以腰带动，增加拧转力量。

备注：第二部分做完之后停1个8拍进行呼吸调整。

第三部分　足技运动

1.向前膝击（左右膝各1×8拍）

第1个8拍

1-2拍：从平行立格斗式防守状开始（图4-87），左腿提膝约与腹部同高，脚背绷直（图4-88），接着落下，脚尖点地（图4-89）。

3-4拍、5-6拍、7-8拍：同1-2拍，只是第8拍时落步还原成平行立格斗式防守状（图4-90）。

第2个8拍

1-2拍：换右腿提膝向前上方击打（图4-91），接着落下，脚尖点地（图4-92）。

3-4拍、5-6拍、7-8拍：同1-2拍，只是第8拍时落步还原成平行立格斗式防守状（图4-93）。

注意事项：提膝时脚背绷直，使用膝关节向前上方击打。

图4-87　　　　　　　图4-88　　　　　　　图4-89

图4-90　　　　　　　图4-91　　　　　　　图4-92

2.向侧膝击（左右膝各1×8拍）

第1个8拍

1-2拍：从平行立格斗式防守状开始（图4-93），身体向右转约70°，左腿提膝向右前方击打，约与腹部同高，脚背绷直（图4-94），接着左腿回收落下，脚尖点地（图4-95）。

3-4拍、5-6拍、7-8拍：同1-2拍，只是第8拍时落步还原成平行立格斗式防守状。

第2个8拍

1-2拍：身体向左转约70°，换右腿提膝向左前方击打（图4-96），接着右腿回收落下，脚尖点地（图4-97）。

3-4拍、5-6拍、7-8拍：同1-2拍，只是第8拍时落步还原成平行立格斗式防守状（图4-98）。

图4-93　　　　　　　图4-94　　　　　　　图4-95

图4-96　　　　　　　图4-97　　　　　　　图4-98

注意事项：提膝时脚背绷直，使用膝关节向侧前方击打。

3.提膝+前踢（2×8拍）

第1个8拍

1拍：从平行立格斗式防守状开始（图4-99），左腿向上提膝（图4-100）。

2拍：两拳不动，左腿落下，脚尖点地（图4-101）。

3拍：左腿向前踢出，力达脚背（图4-102）。

4拍：左腿收回还原成平行立格斗式防守状（图4-103）。

5-8拍：同1-4拍，只是换成右腿完成提膝和前踢动作（图4-104至图4-107）。

第2个8拍

同第1个8拍，只是第8拍时落地跳换步成右架格斗式站立（图4-108）。

图4-99   图4-100   图4-101

图4-102   图4-103   图4-104

图4-105　　　　　　　　图4-106　　　　　　　　图4-107

4.弧形踢腿（左右腿各2×8拍）

第1个8拍

1拍：从右架格斗式站立开始（图4-108），左脚向前跟步（图4-109）。

2拍：两拳不动，右腿提膝至腹部高度，脚背绷直，小腿发力向侧踢出（图4-110、图4-111）。

3拍：右腿回收，右脚落地（图4-112、图4-113）。

4拍：左脚后撤还原成右架格斗式站立（图4-114）。

5-8拍：同1-4拍。

第2个8拍

同第1个8拍，只是第8拍时落地跳换步成左架格斗式站立（图4-115）。

图4-108　　　　　　　　图4-109　　　　　　　　图4-110

第3、第4个8拍

同第1、第2个8拍，只是换左腿完成弧形踢腿动作。在第4个8拍的第8拍时落步成平行立格斗式防守状（图4-116至图4-121）。

图4-111　　　　　　　图4-112　　　　　　　图4-113

图4-114　　　　　　　图4-115　　　　　　　图4-116

图4-117　　　　　　　图4-118　　　　　　　图4-119

图4-120　　　　　　　　　　图4-121

5.前踢（2×8拍）

第1个8拍

1-2拍：从平行立格斗式防守状开始（图4-122），左腿进行前踢并下落成平行立格斗式防守状（图4-123至图4-125）。

3-4拍：两拳不动，右腿进行前踢并下落成平行立格斗式防守状（图4-126至图4-128）。

5-8拍：同1-4拍。

第2个8拍

同第1个8拍，只是第8拍时直接落步成右架格斗式站立（图4-129）。

图4-122　　　　　　　图4-123　　　　　　　图4-124

图4-125

图4-126

图4-127

图4-128

图4-129

6.侧踢（左右腿各2×8拍）

第1个8拍

1拍：从右架格斗式站立开始（图4-130），左脚向前跟步（图4-131）。

2拍：两拳不动，右腿提膝至腹部高度，脚背勾起（图4-132），使用全脚掌向侧踢出（图4-133）。

3拍：右腿回收，右脚落地（图4-134、图4-135）。

4拍：左脚后撤还原成右架格斗式站立（图4-136）。

5-8拍：同1-4拍。

第2个8拍

同第1个8拍，只是第8拍时右脚落地跳换步成左架格斗式站立（图4-137）。

第3、第4个8拍

同第1、第2个8拍，只是换左腿完成动作。在第4个8拍的第8拍时左脚落地成平行立格斗式防守状（图4-138至图4-143）。

图4-130　　　　　　　图4-131　　　　　　　图4-132

图4-133　　　　　　　图4-134　　　　　　　图4-135

图4-136　　　　　　　图4-137　　　　　　　图4-138

图4-139

图4-140

图4-141

图4-142

图4-143

7.前刺踢（2×8拍）

第1个8拍

1-2拍：从平行立格斗式防守状开始，左腿进行前刺踢并下落成平行立格斗式防守状（图4-144、图4-145）。

3-4拍：两拳不动，右腿进行前刺踢并下落成平行立格斗式防守状（图4-146、图4-147）。

5-8拍：同1-4拍。

第2个8拍

同第1个8拍。

图4-144

图4-145   图4-146   图4-147

备注：第三部分做完之后停1个8拍进行呼吸调整。

第四部分　手足技组合运动

1.提膝+冲拳（左右膝各2×8拍）

第1个8拍

1拍：从平行立格斗式防守状开始（图4-148），左腿提膝向右前方击打（图4-149）。

2拍：左腿回撤，同时向右前方做左冲拳（图4-150）。

3拍：同1拍。

4拍：同2拍。

5-8拍：同1-4拍。

第2个8拍

同第1个8拍。

第3、第4个8拍

同第1、第2个8拍，只是换右腿提膝向左前方击打，向左前方做右冲拳（图4-151、图4-152）。第4个8拍的第8拍还原成平行立格斗式防守状（图4-153）。

图4-148　　　　　　　　图4-149　　　　　　　　图4-150

图4-151　　　　　　　　图4-152　　　　　　　　图4-153

2.直拳+前踢（2×8拍）

第1个8拍

1-2拍：从平行立格斗式防守状开始（图4-154），左拳向前进行直拳击打并回收（图4-155、图4-156）。

3-4拍：左腿向前踢出并回收（图4-157、图4-158）。

5-6拍：同1-2拍，只是换右拳进行直拳击打（图4-159、图4-160）。

7-8拍：同3-4拍，只是换右腿进行前踢（图4-161、图4-162）。

第2个8拍

同第1个8拍，只是第8拍时踢完后落步成右架格斗式站立（图4-163）。

图4-154　　　　　　　　图4-155　　　　　　　　图4-156

图4-157　　　　　　　　图4-158　　　　　　　　图4-159

图4-160　　　　　　　　图4-161　　　　　　　　图4-162

3.后手拳+弧形踢（左右架各2×8拍）

第1个8拍

1拍：从右架格斗式站立开始（图4-163），左脚向后退步，同时左拳进行后手中段击打（图4-164）。

2拍：左拳收回，同时左脚向前跟步（图4-165）。

3拍：右腿进行弧形踢（图4-166、图4-167）。

4拍：右脚回收落地还原成右架格斗式站立（图4-168、图4-169）。

5-8拍：同1-4拍。

图4-163

图4-164

图4-165

图4-166

图4-167

图4-168

图4-169

第2个8拍

同第1个8拍，只是第8拍时落地跳换步成左架格斗式站立。

第3、第4个8拍

同第1、第2个8拍，只是换成左架格斗式站立，右拳进行后手中段击打，左腿进行弧形踢（图4-170至图4-175）。

图4-170　　　　　　　图4-171　　　　　　　图4-172

图4-173　　　　　　　图4-174　　　　　　　图4-175

4.后手拳+后踢（左右架各2×8拍）

第1个8拍

1拍：接上动，从左架格斗式站立开始（图4-175），左脚向前上步同时右拳进行后手中段击打（图4-176）。

2拍：右拳收回，同时左脚收回（图4-177）。

3拍：右腿提膝进行后踢（图4-178、图4-179）。

4拍：右脚回收落地还原成左架格斗式站立（图4-180、图4-181）。

5-8拍：同1-4拍。

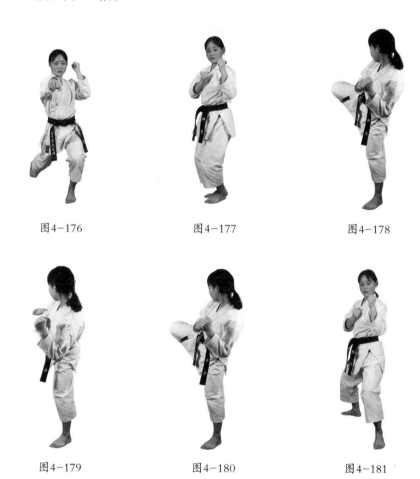

图4-176   图4-177   图4-178

图4-179   图4-180   图4-181

第2个8拍

同第1个8拍，只是第8拍时落地跳换步成右架格斗式站立。

第3、第4个8拍

同第1、第2个8拍，只是换成右架格斗式站立，左拳进行后手中段击打，左腿提膝进行后踢（图4-182至图4-187）。

备注：为了方便看动作，图4-182至图4-187从侧面拍摄。

图4-182　　　　　　　　　　图4-183　　　　　　　　　　图4-184

图4-185　　　　　　　　　　图4-186　　　　　　　　　　图4-187

5.摆拳+侧踢（左右架各2×8拍）

第1个8拍

1拍：接上动，从右架格斗式站立开始（图4-188），左脚向后点步，同时右拳进行摆拳（图4-189、图4-190）。

2拍：右拳收回，同时左脚收回（图4-191）。

3拍：右腿进行侧踢（图4-192、图4-193）。

4拍：右脚回收落地还原成右架格斗式站立（图4-194至图4-196）。

5-8拍：同1-4拍。

第2个8拍

同第1个8拍，只是第8拍时落地跳换步成左架格斗式站立（图4-197）。

第3、第4个8拍

同第1、第2个8拍，只是左拳进行摆拳，左腿进行侧踢（图4-198至图4-205）。第4个8拍的第8拍成平行立格斗式防守状（图4-206）。

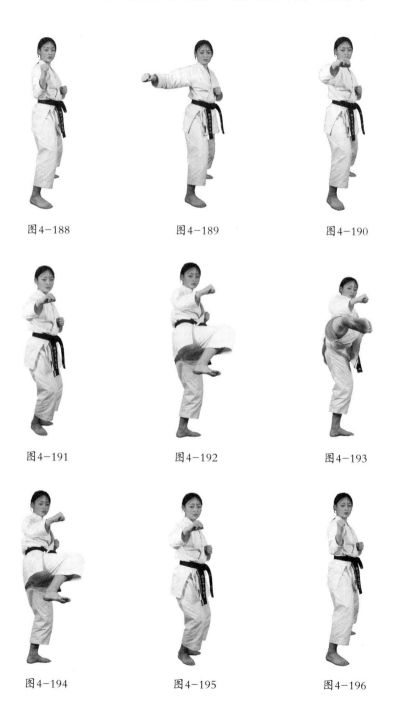

图4-188

图4-189

图4-190

图4-191

图4-192

图4-193

图4-194

图4-195

图4-196

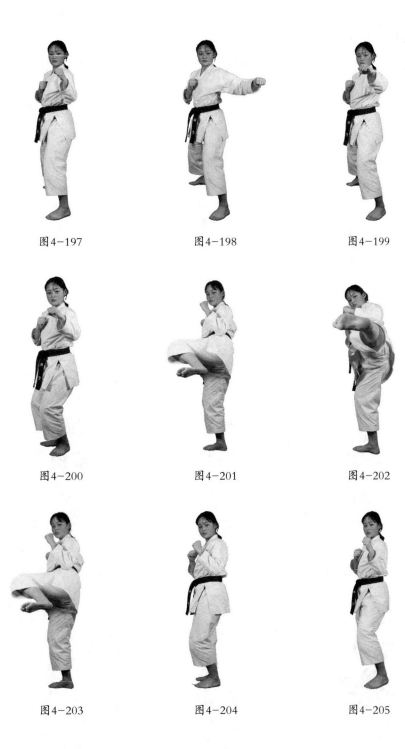

图4-197　　　　　　　图4-198　　　　　　　图4-199

图4-200　　　　　　　图4-201　　　　　　　图4-202

图4-203　　　　　　　图4-204　　　　　　　图4-205

6.直拳+前刺踢（2×8拍）

第1个8拍

1-2拍：从平行立格斗式防守状开始（图4-206），左拳向前进行直拳击打并回收（图4-207、图4-208）。

3-4拍：左腿进行前刺踢并回收（图4-209、图4-210）。

5-6拍：同1-2拍，只是换右拳向前进行直拳击打并回收（图4-211、图4-212）。

7-8拍：同3-4拍，只是换右腿进行前刺踢并回收（图4-213、图4-214）。

第2个8拍

同第1个8拍。

图4-206

图4-207

图4-208

图4-209

图4-210

图4-211

图4-212

图4-213

图4-214

备注：第四部分做完之后停1个8拍进行呼吸调整。

第五部分　放松运动

1.格斗式前后移动（左右架各2×8拍）

第1个8拍

1拍：从左架格斗式站立开始，上肢不动，脚跟抬起，左脚、右脚同时向前跳动（图4-215）。

2拍：上肢不动，左脚、右脚同时向后跳动（图4-216）。

3拍：同1拍。

4拍：同2拍。

5-8拍：同1-4拍。

第2个8拍

同第1个8拍。

图4-215

图4-216

第3、第4个8拍

同第1、第2个8拍，只是换成右架格斗式进行跳动。第4个8拍的第8拍跳动成马步格斗式。

2.格斗式左右移动（2×8拍）

第1个8拍

1拍：从马步格斗式开始，上肢不动，脚跟抬起，左脚、右脚同时向左跳动（图4-217）。

2拍：上肢不动，左脚、右脚同时向右跳动（图4-218）。

3拍：同1拍。

4拍：同2拍。

5-8拍：同1-4拍。

第2个8拍

同第1个8拍。

图4-217　　　　　　图4-218

3.抬手小踢腿（2×8拍）

第1个8拍

1拍：接上动，两手放松握拳向上、向后摆动（图4-219）。

2拍：两拳经上向前再向后摆动，同时踢左腿（图4-220）。

3拍：左腿下落回收，同时两拳向上、向后摆动（图4-221）。

4拍：两拳经上向前再向后摆动，同时踢右腿（图4-222）。

5-8拍：同1-4拍。

第2个8拍

同第1个8拍。

图4-219　　　　　　　　　图4-220

图4-221　　　　　　　　　图4-222

4.提膝交叉臂（2×8拍）

第1个8拍

1拍：接上动，两手放松变掌经腹前交叉向两侧分开，同时左腿弯曲提起（图4-223、图4-224）。

2拍：两掌下落在腹前交叉，同时左腿下落成平行立（图4-225）。

3拍：两掌向两侧分开，同时右腿弯曲提起（图4-226）。

4拍：两掌下落在腹前交叉，同时右腿下落成平行立（图4-227）。

5-8拍：同1-4拍。

第2个8拍

同第1个8拍。

图4-223　　　　　　　　图4-224　　　　　　　　图4-225

图4-226　　　　　　　　图4-227

5.四股立开合步侧平举（2×8拍）

第1个8拍

1-2拍：接上动，从平行立交叉手开始（图4-228），左脚向左开步成四股立，同时两掌经胸前交叉向两侧平举（图4-229）。

3-4拍：左腿收回成并步，同时两掌下落在两腿外侧成闭足立姿势（图4-230）。

5-6拍：右脚向右开步成四股立，同时两掌经胸前交叉向两侧平举（图4-231）。

7-8拍：右腿收回成并步，同时两掌下落在两腿外侧成闭足立姿势（图4-232）。

第2个8拍

同第1个8拍。

图4-228   图4-229   图4-230

图4-231   图4-232

6.深呼吸（5×8拍）

第1个8拍

1-4拍：接上动，两脚分开成平行立，间距与肩同宽（图4-233），两掌经腹前交叉翻掌为掌心向上，经两侧画弧向上合抱至头顶上方（图4-234至图4-237）。

5-8拍：两掌翻转使掌心向下，缓缓往下按掌经胸前到腹前方（图4-238、图4-239）。

图4-233

图4-234

图4-235

图4-236

图4-237

图4-238

图4-239

第2个8拍

同第1个8拍。

第3个8拍

1-8拍：接上动，两掌翻转从下向上经胸前内旋翻转，向上托掌至头顶上方（图4-240至图4-243）。

第4个8拍

1-8拍：两掌外旋翻转从头顶上方经胸前向下按至腹部略前方（图4-244至图4-246）。

第5个8拍

同第1个8拍，在第8拍完成后，两脚并拢并敬礼（图4-247至图4-249）。

注意事项：呼吸与动作相配合。

图4-240　　　　　　　　图4-241　　　　　　　　图4-242

图4-243　　　　　　　　图4-244　　　　　　　　图4-245

图4-246

图4-247

图4-248

图4-249

第三节　空手道搏击健身操简洁版

　　根据教学需要，可以把全套动作简化进行教学或演练。只需要把最后两部分去掉，在最后增加1个8拍的深呼吸即可。

　　配乐：《日不落》

第一部分　热身运动

1.开合跳	2×8拍
2.前屈立、四股立转换跳	2×8拍
3.小跑跳击掌	2×8拍
4.后交叉步上冲拳下格挡	2×8拍
5.提膝前踢	2×8拍
6.侧提膝侧上踢	2×8拍

第二部分　手技运动

1.平行立冲拳	2×8拍
2.左前屈立下格挡	2×8拍
3.右前屈立上格挡	2×8拍
4.右猫足立内格挡	2×8拍
5.左猫足立手刀	2×8拍
6.四股立冲拳	2×8拍
7.后屈立外挡下挡	2×8拍
8.格斗式直拳组合	左右架各2×8拍
9.平行立摆拳	2×8拍
10.平行立勾拳	2×8拍

第三部分　足技运动

1.向前膝击	左右膝各1×8拍

2.向侧膝击   左右膝各1×8拍

3.提膝+前踢   2×8拍

4.弧形踢腿   左右腿各2×8拍

5.前踢   2×8拍

6.侧踢   左右腿各2×8拍

7.前刺踢   2×8拍

第四部分　结束运动

深呼吸   1×8拍

参考文献

［1］马俊成.从白带到黑带：空手道运动晋级之路［M］.北京：人民体育出版社，2022.

［2］中国空手道协会安徽团队.体育空手道［M］.合肥：合肥工业大学出版社，2012.

［3］郑旭旭，袁镇澜.溯源逐流：从福建拳法到空手道［M］.厦门：厦门大学出版社，2019.

附录一　全套示范视频

空手道搏击健身操正面示范

空手道搏击健身操简洁版正面示范（1人）

空手道搏击健身操简洁版正面示范（3人）

附录二　参与本书图片示范或视频示范的主要人员

韩　雯

韩雯： 女，出生于2004年10月，空手道黑带一段。个人荣誉："体彩杯"2022年安徽省青少年空手道锦标赛暨U系列比赛女子甲组团体组手第一名、女子甲组个人型第一名，2022年安徽省第十五届运动会空手道比赛女子甲组个人组手+59kg第五名、女子甲组个人型第一名。

杨子铭

杨子铭： 女，出生于2009年7月，空手道黑带初段。个人荣誉：2022年浙江省第二届空手道联赛儿童A3组女子个人组手+38kg第二名、儿童A3组女子个人型第一名，"奔跑吧·少年"2023年全国青少年空手道U系列赛（浙江站）U15女子团体组手第三名、U15女子团体型第三名、U15女子个人型第五名、U15女子-50kg第五名，2023年浙江省青少年空手道锦标赛丙组女子团体组手第三名、丙组女子团体型第三名。

马兮子涵

陈君怡

马兮子涵：女，出生于2009年11月，空手道黑带初段。个人荣誉："奔跑吧·少年"2023年全国青少年空手道U系列赛（浙江站）U15女子团体组手第三名、U15女子团体型第三名、U15女子–50kg第二名，2024年全国少年空手道锦标赛女子团体型第二名，2024年浙江省青少年空手道锦标赛乙组女子团体组手第五名、乙组女子团体型第二名、乙组女子+54kg第五名。

陈君怡：女，出生于2009年2月，空手道黑带初段。个人荣誉："奔跑吧·少年"2023年全国青少年空手道U系列赛（浙江站）U15女子团体组手第三名、U15女子团体型第三名、U15女子–54kg第五名，2023年浙江省青少年空手道锦标赛丙组女子团体组手第三名、丙组女子团体型第三名。